흔들리며
나는 중입니다

우
현
서

올라가며

보통 책은 '들어가며', '작가의 말', 혹은 '머리말'로 시작합니다. 그런데 저는 조금 다르게 시작해 보려고 합니다. 드론을 만들고 날리는 일을 하는 저에게는 드론이 처음 하늘을 향해 떠오르던 그 순간이 아주 특별하거든요. 그래서 이 책도 '올라가며'라는 제목으로 시작하게 되었습니다.

드론을 날릴 때면 늘 설렙니다. 아무리 철저하게 준비해도, 땅을 떠나 하늘로 올라가는 순간만큼은 항상 긴장과 기대가 동시에 밀려오죠. 인생을 살아가는 일도 그와 비슷하지 않을까요? 아무리 준비하고 고민해도 새로운 일 앞에서는 늘 설렘과 불안함이 함께 다가오니까요.

저는 말을 조리 있게 하지 못한다고 생각하는 편입니다. 생각이 많아 그 생각들을 입 밖으로 꺼내는 데는 익숙하지 않아요. 하지만 글은 생각을 정리할 수 있고, 다시 지울 수도 있기에 말보다 글을 쓰는 것이 만족스럽습니다. 그래서 그동안 혼자 일기나 블로그에 글들을 꾸준히 써오기도 했거든요. 이번엔 일기와 블로그가 아닌 더 많은 글을 쓸 수 있는 책을 한 번 써보려

합니다.

사회생활 2년 차. 길다고 하기는 어렵지만, 지난 시간을 돌아보면 정말 많은 고민과 생각들로 가득했습니다. '내가 지금 잘하고 있는 걸까?' '앞으로 내 인생은 어떻게 흘러갈까?' 하는 걱정부터 '조금 더 표현을 잘하고 싶다'와 같은 작은 소망까지. 매일 밤 수많은 질문이 머릿속에서 맴돌았습니다.

이 책은 그런 저의 고민과 생각들 속에서 찾아낸 작은 깨달음, 그리고 의미 있었던 순간들을 기록한 에세이입니다. 드론이 하늘 위로 올라가 세상을 바라보듯이, 이 글을 통해 제 삶을 바라보고 정리해 보았습니다. 그리고 이 이야기가 여러분에게도 조금이나마 위로와 공감이 되었으면 좋겠습니다.

이제 막 글을 쓰기 시작하는 지금, 벌써부터 설레고 기대됩니다. 제 이야기가 여러분에게 따뜻한 위로와 작은 즐거움이 되기를 바라며, 천천히 하나씩 적어 내려가 보겠습니다.

자, 그럼 저와 함께 하늘 위로 올라가 볼까요?

목차

올라가며   2

미운 오리 초년생

알을 깨고 세상 밖으로	8
검은 나의 모습	10
오늘을 살아가는 평범한 오리들	13
특별한 오리가 되고 싶었던 날들	15
날갯짓 그리고 물 위에서 헤엄쳐 보기	18
검은 오리	20

현재의 나로 살아갈 수 있게 하는 것들

나다움	8
내가 아끼고 좋아하는 것들	27
실천할 수 있는 작은 것부터	30
곁에 있는 행복	32
잠시 멈춰 보이는 모습	35
되돌아보는 연습	37

어쩌면 우리와 비슷한 드론

드론을 우리의 삶에 비유해 본다면	42
꼬리에 꼬리를 문 비행 컨트롤러	44
인생의 방향성 GPS	46
내려올 수 있는 용기	49
사람의 배터리	52
바람에 흔들려도 쓰러지지 말아	55
내 손을 떠난 순간	58

드론으로 바라보는 세상

하늘을 날아볼래	62
구수한 마을	64
놀이터	67
도시의 별	70
빈 자리를 메꿔주는 존재들	72
나 홀로 나무	75

스쳐가는 사람들
쓸쓸하지만 그 안에서 자라는 것들　　78
혼자 걷는 길 위에서도　　81
나를 일으켜주는 사람들　　84
퍼즐 같은 우리의 관계들　　87
각자의 속도와 방향으로 달리는 우리　　90
폭삭 속았수다　　93

내려가며　　96

미운 오리 초년생

알을 깨고 세상 밖으로

대학교 졸업장을 손에 쥔 순간부터 세상은 갑자기 너무나도 넓고 낯선 곳이 되었다. 어렵게 얻은 첫 직장은 기쁨보다는 두려움이 앞섰고, 모든 것이 새롭게 시작되는 기분이었다. 마치 알에서 갓 태어난 작은 오리처럼 모든 것을 처음부터 배워 나가야 했다. 학교에서는 분명 잘 해냈던 것 같은데, 막상 회사에 들어서니 내가 아는 건 아무것도 없는 것 같았다.

처음 업무를 배울 땐 당연하다는 듯 실수가 잦았다. 사소한 것 하나를 놓쳐 혼나기도 하고, 다시 고쳐야 하는 일이 끊임없이 반복됐다. 그러다 보니 매일 아침 눈을 뜨면 또 어떤 실수를 하게 될지 두려움이 커져갔다. 완벽을 원했지만 점점 자신감을 잃어가 나 자신이 작아지고, 출근이 아닌 어딘가에 숨고 싶다는 생각이 들 때도 있었다.

그러던 어느 날, 회사 동료가 걱정스러운 얼굴로 내게 말을 걸었다. "요즘 괜찮아? 기운이 없어 보이는데." 그 순간 알았다. 스스로 외면하고 싶었던 나의 지친 모습을 누군가는 먼저 보고 있었다는 것을. 남들 앞에서 애써 감추고 있던 무기력한 내 모습이 그대로 드러나고 말았다.

처음 경험하는 사회생활에서 나는 스스로가 무척 낯설게 느껴졌다. 과거 학생 시절의 나는 소심했지만 나름 소신있게 말하며 행동했었다고 생각했다. 하지만 현재는 작은 불안들이 점점 커져 작은 일에도 쉽게 흔들리고 주눅이 들어 있었다. 어쩌다 이렇게까지 작아진걸까.

나는 누구에게도 속마음을 말하지 못하고 혼자 고민을 안고 있었다. 매일 이렇게 일을 하며 앞으로 살아갈 수 있을지에 대한 걱정을 하며 살아가던 어느 날 동료분의 따뜻한 관심 덕분에 마음의 문이 조금은 열리게 되었다. 어둠 속의 작은 공간 안에서 문을 열고 나가고 싶어졌다. 너무 힘들다면 가족과 친구 또는 주변 사람들에게 도움을 요청하는 손을 내밀 줄도 알아야하는 것을 깨달았다. 점점 숨을 쉬기 시작했다. 완벽하지 않아도 괜찮고, 때로는 혼자 힘들어하지 않아도 된다는 것을 배우기 시작했다.

검은 나의 모습

 어둠이 찾아온 지 몇 달이 지났다. 그동안 벗어나려고 새로운 다짐도 하며 천천히 다시 나아가 보고, 싫어도 꾸역꾸역 버텨보기도 했다. 그리고 오랜만에 친구들을 만나 웃어보기도 하고, 처음 보는 장소에서 예쁜 풍경을 사진에 담아보기도 했다. 하지만 그 순간에만 잠시 나아졌을 뿐 완전히 밝아지는 것은 아니었다. 여전히 불안감은 남아 있기에 회사에 돌아오면, 또다시 무표정한 얼굴에 무기력한 일상을 견뎌야 했다.

결국 더 이상 정신력으론 버티기 힘들다고 생각했다. 이후로는 병원을 찾아 상담과 약물 치료를 하게 되었다. 덕분에 무기력한 감정은 점점 나아져 가고 예전의 일상을 되찾고 있는 것 같았다. 하지만 전과 같이 많이 힘들어질 수도 있기에 의사 선생님은 일상을 유지하기 위해 꼭 지켜야 할 것 두 가지를 당부하셨다. 충분한 수면과 온전히 혼자만의 시간을 갖는 것. 취업한 이후의 나는 제대로 쉬는 법을 몰랐다. 늦게 자고 중간에 깨기를 반복하며, 하루하루를 피곤함 속에서 버텼다. 그나마 버틸 수 있는 힘은 커피에서 얻은 카페인이었다. 하지만 치료를 받으며 처음으로 7시간 이상 잠을 자기 시작하자, 몸에 점점 활력이 생기기 시작했다.

어느 순간부터 퇴근 후 꼭 해야 했던 운동도, 커리어의 성장에 대한 생각과 계획도 나에게는 강박이 되어 있었다. 완벽하게 살아야 한다는 부담이 오히려 나를 더 깊은 수렁으로 몰아넣었다. 끝없이 이어지는 생각들로 뇌는 쉬지 못하고 점점 지쳐갔다. 의사 선생님의 조언을 받아들여 조금씩 내려놓기 시작하고 마음이 가벼워졌다. 불안감이 사라지기 시작했고, 잠시 진로에 대한 고민도 내려놓을 수 있었다.

그러나 다시 미래에 대한 생각을 시작한 요즘, 나는 지금 하는 일이 나와 맞지 않다고 생각을 했다. 반복되고 지루한 일과 속에서 창의적인 일을 하고 싶다는 갈망이 점점 커져갔다. 내 생각과 감정을 자유롭게 표현하고 나만의 이야기를 만들어 낼 수 있는 일을 꿈꾸고 싶어졌다.

현재의 나는 주변 사람들과는 다른, 마치 검은 오리 같은 존재가 되어 버린 것만 같았다. 남들과 달라서 이상해 보이는 것인지, 아니면 아직 드러나지 않은 가능성을 품고 성장하고 있는 것인지 모르겠다. 검은색이라는 남들과는 다른 색을 가진 지금 이 어두운 터널 속에서도 조금씩 빛을 향해 걸어가고 있다. 과연 나는 그저 남들과 다른 이상한 존재일까, 아니면 아직 날개를 펼치지 않은 채 성장하고 있는 어린 백조일까. 이 질문의 답을 찾기 위해 나는 오늘도 조금씩, 아주 천천히 앞으로 나아간다.

오늘을 살아가는 평범한 오리들

 종종 주변 사람들을 바라보며 이런 생각을 하곤 한다. 다른 사람들은 잘 살아가고 있는 것 같은데, 왜 나는 항상 무언가 불안하고 초조한 마음을 품고 사는 걸까. 왜 모두가 자연스럽게 하는 일을 나는 고민하고 걱정하며 힘들어하는 걸까. 내 안의 완벽주의 성향 때문인지, 나는 항상 조금 더 특별하고, 더 나은 무언가를 추구하다 보니 현재의 삶을 쉽게 만족하지 못하는 것 같다.

문득 이런 생각이 들었다. 어쩌면 너무 특별한 것을 원하며 스스로를 몰아붙이고 있는 건 아닐까? 드라마틱한 변화나 특별한 성취가 아니어도, 지금의 나를 그대로 인정하고 받아들이는 것이 삶을 살아가는 진짜 방법이 아닐까 싶었다. 그렇게 생각하니 마음 한구석이 조금씩 편안해졌다.

평범하다는 건 어쩌면 가장 자연스럽고 편안한 상태일지도 모른다. 출근해서 너무 많은 생각으로 애쓰지 않고 하루를 보내고, 퇴근 후에는 내가 좋아하는 음식을 먹고, 친구들을 만나 가벼운 이야기로 시간을 보내고, 가끔은 부족한 부분들을 공부하는 것. 그렇게 무난하고 소소한 일상을 유지하는 것이 사실은 나를 가장 안정적으로 만들어 주는 것 같다.

가수 최유리의 '들뜨지 않는 마음'이라는 노래를 듣다가, 깊은 공감을 한 적이 있었다. 지나치게 들뜬 마음이 오히려 나의 머릿속을 복잡하게 만든다는 그 가사처럼, 무언가를 이루기 위해 과도하게 애쓰는 마음이 결국 내 일상을 흔들고 무너지게 만든다는 것이다.

특별한 감정과 들뜬 마음보다 담담하고 꾸준한 마음이 평범한 일상 속에서 작은 행복을 발견하게 해준다. 조금 부족하더라도 나 자신을 그대로 인정하는 삶. 그렇게 살다 보면 결국 내가 바라던 안정감과 편안함을 느낄 수 있지 않을까. 특별하지 않아도 괜찮다. 나의 평범한 모습을 조금 더 사랑하며 살아가자.

특별한 오리가 되고 싶었던 날들

 어릴 때부터 나는 남들과 조금은 다르다는 망상에 빠지곤 했다. 뭔가 특별하고 남다른 존재가 되어야 한다고 늘 마음속에서 외치기도 하고, 스스로에게 변화를 원했다. 하지만 특별한 변화를 위해 필요한 노력은 하지 않은 채 자극적인 것에만 기대며 살아가니 변화는 찾아오지 않았다.

하루 종일 SNS를 뒤적이거나 밤늦도록 게임에 빠져 마치 끝없는 도피처럼, 화면 너머의 세상은 나를 잠시 현실에서 벗어나게 해주었다. 그러나 그런 생활이 반복될수록 내 마음은 더욱 공허해지고, 몸과 마음은 점점 지쳐갔다. 그제야 나는 알게 되었다. 이렇게 살아서는 내가 원하는 존재가 될 수 없다는 것을.

나는 내 자신이 백조였으면 했다. 평범한 오리가 아닌,

우아하고 화려한 백조가 될 수 있지 않을까 하는 생각을 하며 갈망했다. 어쩌면 그 욕망 자체가 내게는 과한 자극이었을지도 모른다. 내가 원하는 건 진정 백조의 삶이 아니라, 그저 남들과 다르다는 느낌, 특별하다는 착각이었을지 모른다.

항상 남의 기준에 나를 맞춰 살아가기에 그에 미치지 못하면 자책하기 일쑤였고, 더 성장할 수 있었지만 포기하는 일이 다수였다. 완벽하고 특별한 욕심을 가지기에 빨리 달리고 싶었지만 나의 속도는 한계가 있었기에 벅찼던 것 같다. 그래서 포기하는 일이 잦기도 하고. 이후로는 내 자신이 누구인지 어떤 모습인지 판단하기도 어려워졌다.

이제는 더 이상 화려한 백조를 갈망하기 보다 현재 내 모습인 오리인 것에 중점을 두고 정비하여 내가 진짜 누구인지를 찾아보고 생각해보려 한다. 평범한 오리일지라도 나만의 속도와 방식을 찾고 나에게 맞는 삶을 살아가기를. 남들보다 빛나지 않아도 괜찮다. 특별하지 않아도 충분하다.

나 자신을 있는 그대로 바라보며 평범함 속에서 행복을 찾는 법을 배우고 싶다. 언제나 완벽할 수 없다는 걸 알고, 때론 흔들리고 실수하는 나를 용서할 줄 아는 사람이 되고 싶다. 내가 꾸던 백조의 꿈은 남들과 같은 평범한 오리임을 인정하고, 그 대신 오리의 일상 속에서 진정한 나의 모습을 발견하게 되리라 믿는다.

날갯짓 그리고 물 위에서 헤엄쳐 보기

 입사를 한 초기였던 작년은 정말 많은 일을 겪으면서 생각이 많아지고 포기하고 싶었던 해였다. 그래도 일을 포기하지 않고, 아직 일을 다니고 있는 내 자신에게 작은 칭찬을 해주고 싶다. 올해는 내가 계속 이렇게 살아갈 수 있을지 그리고 앞으로 어떻게 살아가면 좋을지, 생각하면서 조금씩 시도를 해보자는 마음을 가졌었다. 그 덕분에 이렇게 책을 쓸 수 있었고, 무너졌던 나의 마음도 다시 잡아보고 있다.

그래서 앞으로는 완벽을 꿈꾸기보다는 작은 것부터 지켜 나아가고 싶다. 회사에서 실수를 두려워하기보다 배우고 성장할 수 있는 기회와 용기로 삼고, 관계에서 너무 좋은 모습만 보여주려 애쓰기보다 있는 그대로의 나를 드러내고 싶다.

그리고 또 하나 가진 꿈이 생겼다. 너무 한 곳만 깊게

파기에는 세상엔 재미있는 것들이 너무나 많기에 발을 조금씩 넓혀보고 싶다. 올해의 시도는 발을 넓히기 위한 여러 시도를 말한 것이었다. 처음 시작한 회사 생활처럼 그동안 해 오지 않았던 일들이기에 처음엔 서툴고 배움에 있어 많이 어렵겠지만, 그 속에서 재미를 발견하는 것이기에 나에게 있는 두려움을 고치고 싶다.

물론 모든 경험이 나에게 꼭 맞는 것은 아닐 것이기에 금방 포기하게 되고, 시도한 것 조차 후회가 될 수도 있다. 하지만 그런 과정 속에서 내가 몰랐던 나의 새로운 모습과 발전하는 모습을 알게 될 것이라고 생각한다. 실패한 경험 하나도 나의 색깔을 찾는 데 필요한 한 조각이 될 테니까.

앞서 말한 특별한 백조가 되려는 욕망 대신, 검은 오리로서 나만의 색을 조금씩 찾아갈 것이다. 그 색은 남들과 비교해서 더 화려하거나 눈부시지 않아도 괜찮다. 중요한 것은 그것이 '나만의 색'이라는 사실이다. 새로운 경험 속에서 발견한 그 색깔들이 모여, 언젠가 나만의 그림을 완성하게 되리라 믿는다.

검은 오리

 올해의 나는 검은 오리를 생각하며 살아가고 있다. 회사에서 여전히 실수를 할 때가 있지만, 그 순간마다 무너지는 일은 줄어들었다. 두려움과 불안함에 갇히기보다 부족함을 인정하고, 그 안에서 조금 씩 배우며 하루를 이어간다. 잠시 함께했던 인턴 친구와의 경험도 큰 힘이 되었다. 털털한 성격으로 늘 걱정 많던 나를 북돋아 주었고, 생각보다 행동이 먼저일 때도 있다는 걸 알려주었다. 실수를 해도 "뭐 어때, 고치면 되지"라는 말은 멈춰 있던 나를 다시 움직이게 했다. 그 친구에게 지금도 고마움을 느낀다.

사람들과의 관계도 조금은 달라졌다. 예전처럼 늘 괜찮은 모습만 보이려 하기보다, 힘든 날에는 솔직히 털어놓을 수 있게 되었다. 물론 약한 모습을 지나치게 보이지 않으려는 노력도 한다. 하지만 이제는 모든 걸 혼자 감당하려 하지 않는다. 또 평소에는 조용한 편이지만, 좋아하는 일을 할 때는 더 밝아지는 나의 모습도 조금은 편안히 드러낼 수 있게 되었다. 내려놓는 법을 배우니 마음이 한결 가벼워지고, 체력과 정신의 균형을 맞출 수 있다는 걸 실감하고 있다.

학교를 졸업하고 독립적으로 살아가는 삶은 이제 막 시작되었다. 앞으로 가야 할 길은 멀고, 갈 수 있는 방향도 많다. 너무 결과만을 바라보기보다, 나의 생각과 선택으로 과정을 걸어가고 싶다. 특별한 무언가가 되려 하기보다 한 걸음 한 걸음 이어가며 나아간다.

검은 오리로서의 여정은 이제 시작이기에.

현재의 나로
살아갈 수 있게 하는 것들

나다움

 사람은 태어날 때부터 저마다 고유한 기질을 지닌 채 세상에 나온다. 어떤 이는 생동감 넘치는 호기심으로 세상을 두 팔 벌려 맞이하고, 또 어떤 이는 차분함과 신중함을 무기로 한 걸음씩 내디딘다. 그러나 그 기질만으로 한 사람의 모습이 완성되지는 않는다. 우리가 살아온 환경, 곁에 머문 사람들, 그리고 헤아릴 수 없이 많은 날들이 서서히 우리를 깎고 다듬는다. 이 과정 속에서 때로는 모난 부분이 둥글어지고, 또 때로는 흐릿하던 색이 더 선명해진다.

그렇게 만들어진 '나'라는 존재도 시간의 흐름에 따라 계속 변한다. 학생 시절 조용히 반에만 있고 집과 학원 그리고 피시방과 같은 동네 안에서만 배회하며 살던 내가 현재는 여러 경험을 해보고 싶고 조용히만 살고 싶지 않은 '내가' 되었다. 미래를 향해 나아가는 길 위에서 수많은 선택의 갈림길에 서게 되면서 더 좋은 그리고 더 나은 '나' 자신이 되기 위해 살아간다. 어떤 길은 익숙하지만 더 이상 나를 성장시키지 못하고, 어떤 길은 두렵지만 새로운 나를 만나게 한다. 그래서 때로는 과거의 습관을 과감히 내려놓고, 익숙했던 사고방식도 재정비하기도 한다. 어제의 나를 돌아보고, 오늘의 나를 다듬으며, 내일의 나를 조금 더 나답게 만드는 이 과정이야말로 '나다움'을 빚어내는 여정이 아닐까. 이번 파트는 미운 오리 초년생의 시기를 겪으면서 앞으로 어떻게 '나다움'을 지키면서 살아갈지에 대해 생각하고 정리를 해 보았다. 정답이 아닐 수 있지만 다같이 생각하면서 정리를 한 번씩 해 보았으면 좋겠다.

그렇다면 '나다움'이란 정확히 무엇일까. 그리고 '나답게 산다'는 것은 어떤 상태를 말하는 걸까. 이 질문에는 정해진 답이 없다. 타인이 만들어준 기준 속에 나를 끼워 맞추는 것이 아니라, 나만의 경험과 시선, 그리고 선택들이 쌓여 만들어지는 것이기 때문이다. 정답이 없다는 건 자유로우면서도 동시에 버거운 일이다. 남이 정해준 틀이라면 그 안에 맞춰 살아가면 되지만, 스스로 기준을 세우고 그 기준에 책임을 지며 살아간다는 건 훨씬 더 용기와 성찰을 요구한다.

그래서 나다움은 단순히 성격이나 태도의 문제가 아니

다. 그것은 매일의 선택과 행동, 그리고 그 행동을 지속하려는 의지 속에서 서서히 형태를 갖춘다. 나답게 살아간다는 것은 하루하루의 사소한 순간들을 내 기준으로 채워가는 일이다. 사람들의 시선보다 내 마음이 더 무게를 두는 선택을 하고, 내 삶에 책임을 지는 태도로 살아내는 일이다.

나는 나다움을 거창한 자기 계발이나 추상적인 이상으로 생각하지 않는다. 오히려 그것은 작고 단순한 실천들에서 시작된다. 잠시 숨 고르기를 허락하는 하루의 산책, 불필요한 비교를 멈추는 순간, 나를 기쁘게 하는 작은 취미를 지키는 일, 중요한 관계에 정성을 들이는 습관. 이런 작은 선택들이 모여 '나다운 삶'이라는 큰 그림을 완성한다.

결국 나다움은 어느 날 갑자기 완성되는 것이 아니라, 매일 조금씩 채워지고 깎이며 다듬어지는 살아있는 과정이다. 어제보다 오늘이, 오늘보다 내일이 더 '나'다울 수 있도록 그렇게 꾸준히 살아가는 것. 그게 내가 생각하는 '나다운 삶'의 모습이다.

내가 아끼고 좋아하는 것들

 나다움을 지키는 하나의 방법은, 내가 좋아하고 아끼는 것들을 지키는 것이다. 다들 어렸을 적 또는 평소에 아끼는 물건이나 덕질을 하는 무언가 하나씩은 있지 않은가? 사람마다 마음 한편에 숨겨둔 '나만의 영역'이 있을 것이다. 어린 시절부터 함께한 물건일 수도 있고, 혼자만의 시간을 채우는 취미나 관심사일 수도 있다. 심지어는 아주 사소한 습관인 예를 들어 아침에 꼭 마시는 한잔의 커피 또는 잠들기 전 불 꺼진 방에서 듣는 음악도 영역 안에 포함된다.

문제는 바쁘게 살아가다 보면 이런 것들이 가장 먼저 밀려난다는 데 있다. 해야 할 일의 목록은 길어지고, 시간을 쪼개 쓰는 습관이 몸에 배면, '굳이 없어도 되는 것들'부터 잘라내기 시작한다. 그러나 그 순간부터 우리는 미묘하게 변한다. 삶의 흐름 속에서 나를 붙잡아주던 작은 앵커(anchor)가 사라지고, 결국은 외부에서 주어진 방향과 속도를 무심코 따라가게 된다. 눈에 보이지 않는 표지를 잃은 여행자처럼, 어느샌가 내가 가고 싶은 길이 아닌 '가라고 하는 길'을 걷게 되는 것이다.

좋아하는 것을 지킨다는 건 단순한 취미 생활을 유지하는 것이 아니다. 그것은 나의 감각과 가치관, 세계를 바라보는 시선을 끊임없이 재확인하는 일이다. 내가 무엇을 좋아하는지는 내 안의 가장 솔직한 욕구와 선택을 드러내는 거울이다. 누가 시켜서도 아니고, 사회적으로 유용해서도 아니며, 오로지 내가 원하기 때문에 존재하는 선택이기에 그 안에는 '가장 가공되지 않은 나'가 담겨 있다.

또한, 이런 애정과 취향은 삶이 변해도 나를 이어주는 '개인적인 시간 축'이 된다. 환경이 바뀌고, 직업이 바뀌고, 주변 사람이 바뀌어도 그 시간을 지키는 한 나는 완전히 다른 사람이 되지 않는다. 매주 돌아오는 그 시간, 그 자리에 앉아 무언가를 즐기는 순간, 나는 다시 '내 자리'로 돌아온다. 그것은 잠시 세상의 요구에서 물러나 내 마음의 온도를 맞추는 행위이자, 내 정체성의 뿌리를 확인하는 의식이다.

그래서 좋아하는 것을 끝까지 품는 것은 단순히 기분

을 좋게 만드는 일이 아니라, 나라는 사람의 경계선을 분명하게 긋는 일이라고 생각한다. 그 경계 안에서만 발휘되는 여유, 안전함, 그리고 나를 나답게 하는 감각이 있다. 세상이 끊임없이 변하고 나에게 '더 빠르게, 더 많이' 요구하더라도, 내가 아끼고 좋아하는 그 무언가만큼은 변함없이 남아 있어야 한다. 그것이야말로 내가 나 자신을 잃지 않는 가장 확실한 방법이기 때문이다.

실천할 수 있는 작은 것부터

 나답게 살아가기 위한 두 번째 마음가짐은 작은 것부터 시작하고 습관을 들이는 것이다. 나는 늘 머릿속으로만 많은 계획을 세우고, 실천은 뒤로 미루곤 했다. 목표를 생각할 때마다 완벽하게 해야 한다는 강박이 앞섰다. 조금이라도 부족하면 시작조차 의미 없다고 여겼고, 그래서 첫발을 내딛는 일이 늘 어렵게 느껴졌다. 일상에서도 마찬가지로 사회생활을 완벽하게 하고 싶은 마음이 컸지만 현실은 그 기대에 미치지 못했고, 그때마다 자책이 뒤따랐다. 목표를 세우고 다짐을 해도 오래가지 못하고 내려놓는 일이 반복됐다.

자기 계발을 시켜주는 영상과 책을 보면서 내게 필요한 것은 너무 큰 계획과 목표가 아니라 정말 사소하고 단순하게 할 수 있는 것부터 시작해야 된다는 걸 깨달았다. 아주 작게라도 행동하고 그 행동을 반복하는 것. 그게 내가 조금씩 앞으로 나아가기 위한 첫 발걸음이었고, 생각이 많은 나를 움직이게 할 수 있는 해결책이었다. 작은 행동들이 습관이 되었고 나를 지탱해주었다.

아침에 일어나 휴대폰을 보지 않는 대신 명상을 하고, 미지근한 물 한 잔으로 하루를 시작하는 일, 불필요하고 복잡하게 생각하지 않고, 단순하게 받아들이는 태도 등등. 누구나 할 수 있는 작은 습관들이 차곡차곡 쌓이며 내 몸과 마음이 건강해지는 걸 느낄 수 있었다. 예전에는 할 일을 미루고, 늘 늦게 잠들어 피곤하게 하루를 보내며 지쳐 있었지만, 이 습관들이 나의 몸과 마음을 맑고 단단하게 만들어 주었다.

목표는 크지 않아도 좋다. 조금씩 그리고 꾸준히 실천할 수 있는 만큼부터 시작해도 된다. 그렇게 쌓이는 성취감으로 스스로에 대한 신뢰가 생기고, 그 신뢰는 더 큰 변화와 목표를 만들어 주는 원동력이 된다.

곁에 있는 행복

 세 번째는 행복에 관한 이야기다. 어느 날 퇴근 길 빌딩들 사이 사이로 스며드는 저녁 햇빛이 생각보다 부드러웠다. 하루 동안 공장에서 작업하느라 지쳐 있던 몸이 그 바람을 맞는 순간, 상쾌함을 느꼈다. 예전 같으면 그저 스쳐 지나갔을 이런 감각이 그날 따라 유난히 또렷했다. 아마도 그 시기 나는 행복이라는 단어와 조금 멀리 떨어져 있었기 때문일 것이다.

그때의 나는 늘 무언가를 이루어야만 행복할 수 있다고 믿었다. 목표로 했던 성과를 달성하거나, 오랫동안 바라온 여행을 떠나는 것처럼 특별하고 눈에 띄는 사건이 필요하다고 생각했다. 일상은 그저 '행복으로 가기 위한 준비 과정'일 뿐이라고 여겼다. 하지만 이상하게도, 그렇게 기다리던 순간은 잘 오지 않았다. 오히려 회사에서의 압박감, 미래에 대한 불확실함, 그리고 스스로를 향한 끝없는 기대와 실망이 겹치며 마음이 무거워졌다. 행동도 점점 느려지고, 웃는 일도 줄었다. 행복은 마치 저 멀리, 안개 속에 숨어 있는 것 같았다.

그 생각을 바꿔 놓은 건 아주 사소한 하루였다. 평소처럼 집에 와서 저녁을 먹고, 늘 하던 대로 컴퓨터 앞에 앉았다. 디스코드에 접속하니 친한 친구들이 이미 모여 있었다. 우리는 게임을 켜고, 별것 아닌 대화를 나누고, 때론 장난처럼 말싸움을 하다가 서로를 웃겼다. 누군가는 실수를 해서 팀을 곤란하게 만들었고, 그걸 두고 한참 장난을 쳤다. 그런데 이상하게, 그 웃음이 단순히 순간적인 즐거움이 아니었다. 웃다가 숨이 차오르고, 귀 속에 친구들의 목소리가 맴도는 그 순간, 나는 깨달았다. 행복이란 이런 거구나. 특별한 날이나 대단한 성취가 아니라, 지금 이 자리에서 함께 웃고 있는 이 순간에도 충분히 느껴지는 거구나.

그날 이후로 나는 주변을 좀 더 자주 살피기 시작했다. 출근길에 보이는 파랗고 맑은 하늘, 버스에서 아주머니가 동료 분과 마주쳐 반갑게 인사하는 모습, 오래된 친구에게서 날아온 "잘 지내?"라는 메시지. 이전에는 그냥 스쳐 지나갔던 것들이 이제는 마음속에 오래 머물렀다. 그 순간들이 내 하루를 채우는 작은 불빛처럼 느껴졌다.

행복은 생각보다 가까이에 있었다. 그리고 그건 항상 눈부시거나 드라마틱 하지 않았다. 오히려 너무 일상적이어서 쉽게 잊히고, 의도적으로라도 시선을 두지 않으면 놓치기 쉬웠다. 우리는 종종 행복을 찾는 일에만 몰두한 나머지, 이미 손 안에 있는 행복을 보지 못한다. 하지만 방향만 살짝 바꾸면, 그 행복은 사실 우리 곁에서 오래전부터 기다리고 있다.

이렇게 작은 행복들을 자주 마주하다 보니, 내 태도에도 변화가 생겼다. 더 이상 행복을 '미래의 보상'으로 미루지 않게 됐다. 불안과 걱정이 밀려올 때도, 잠깐 눈을 들어 하늘을 보거나, 좋아하는 음악을 들으며 한 모금 커피를 마시면 마음이 가라앉았다. 내가 조금 더 부드러운 사람이 되었고, 다른 사람에게도 여유를 나눠줄 수 있게 됐다.

그래서 나는 이제 행복을 거창하게 정의하지 않으려 한다. 누군가와 웃는 순간, 짧지만 진심이 담긴 인사, 창밖으로 들어오는 햇빛 그 모든 것이 행복이다. 만약 지금 행복이 어디 있는지 잘 모르겠다면, 거창한 무언가를 찾기보다, 오늘 하루를 천천히 훑어보자. 어쩌면 그 행복은, 우리가 무심코 지나치는 바로 그 순간에 있을지도 모른다.

잠시 멈춰 보이는 모습

 네 번째는 멈춤에 관한 이야기다. 바쁘게 돌아가는 사회 속에서 잠시 멈춰 서는 시간은 결코 사치가 아니다. 우리는 체력을 가진 존재이기에, 호흡을 고르며 쉬어가는 시간이 반드시 필요하다.

나 역시 그 사실을 몸으로 배웠다. 수면이 부족한 채로 하루하루를 버티다 보니 육체적, 정신적으로 점점 지쳐갔다. 늘 불안했고, 압박감에 눌려 살면서도 '쉬어야겠다'는 생각은 뒷전으로 밀렸다. 결국 체력이 바닥나자 아무것도 하기 싫은 감정만 남았다. 생각은 쉴 틈 없이 많았고, 내 자신을 돌보지 못한 탓에 몸은 과부하가 걸려 더 이상 앞으로 나아갈 힘이 없어졌다.

그제야 나는 병원을 찾았다. 약을 복용하고, 억지로라도 휴식을 취하면서 조금씩 일상을 회복할 수 있었다. 그때 깨달았다. '쉼'은 도망이 아니라 살아가기 위한 조건이라는 것을. 쉼이 있기에 우리는 다시 움직일 수 있고, 멈추는 순간이 있기에 앞으로 나아갈 힘도 생긴다. 어쩌면 쉼은 우리에게 없어서는 안 될 필수적인 행동일지도 모른다.

우리는 종종 바쁘게 달려야만 가치 있는 삶이라고 착각한다. 하지만 끝없이 달리기만 한다면, 결국 지쳐 쓰러질 뿐이다. 잠시 걸음을 늦추고 숨을 고르는 순간, 우리는 지금까지 놓치고 지나온 풍경을 돌아볼 수 있고, 내 안의 목소리에도 귀를 기울일 수 있다. 그 시간은 단순한 휴식이 아니라, 나라는 사람을 지켜주는 회복의 순간이다.

그래서 이제 나는 멈추는 것을 두려워하지 않는다. 하루를 살면서 커피 한 잔 앞에 앉아 아무 생각 없이 음악을 듣는 시간, 아무런 계획 없이 늦잠을 자는 아침, 혹은 그냥 하늘을 바라보며 가만히 서 있는 몇 분의 여유조차도 소중하다. 그 순간들이 쌓여 나를 다시 단단하게 만들어주기 때문이다. 쉼은 결국 나를 잃지 않게 하고, 다시 살아갈 용기를 준다.

되돌아보는 연습

 마지막은 나 자신을 되돌아보는 연습이다. 매일 밤, 불을 끄고 조용히 누워 있으면 온종일 쌓였던 장면들이 불쑥불쑥 떠오른다. 아침에 출근 했을 때의 상태, 근무시간 동안 가졌던 나의 마음, 퇴근길의 표정들. 그때마다 나는 나에게 묻는다. "오늘 하루는 어땠지?" 이 질문은 단순히 하루를 평가하기 위한 것이 아니다. '나'라는 사람의 방향을 다시 잡아주는, 일종의 나침반 같은 질문이다.

되돌아본다는 건 거울을 보는 것과 비슷하다. 거울 속 내 모습이 내가 기대한 모습과 다를 때, 그 차이를 외면하면 결국 길을 잃는다. 그래서 나에게 다시금 묻는다. 오늘 나는 정말 내가 원하는 방식으로 살았는가? 혹시 다른 사람의 시선에 맞추느라, 나 스스로의 기준을 놓치지는 않았는가? 누군가의 기준에 끌려가느라 내 마음을 잃어버린 건 아닌가?

이 과정에서 반갑지 않은 장면도 떠오른다. 불필요하게 감정을 낭비한 순간, 필요 이상으로 움츠러든 태도, 기회를 외면한 기억. 하지만 되돌아봄의 가치는 여기서 멈추지 않는다. 후회와 아쉬움에서 한 발 더 나아가, 무엇을 고치고 무엇을 내려놓을지 스스로 결정을 하면 할수록 진짜 힘이 생긴다. 그 불편한 과정이 나를 조금 더 단단하게 만든다.

때로는 하루가 아니라 한 달, 혹은 지난 1년을 통째로 되짚어본다. 놀랍게도 그 시간 동안 나는 꽤 많은 시도를 해왔던 것 같다. 어떤 것은 오래 이어지기도 하지만, 어떤 것은 며칠 만에 끝나기도 했다. 중요한 건 성공과 실패의 개수가 아니다. 그 순간 나는 왜 그렇게 선택했고, 그때 어떤 감정을 느꼈는지다. 그 감정을 이해하면, 같은 상황에서 더 나은 선택을 할 수 있다.

나를 되돌아보는 시간은 과거를 재단하는 심판대가 아니다. 오히려 앞으로의 방향을 설계하고, 내가 원하는 모습으로 가기 위한 준비의 자리이기에 그 자리에서 나에게만 솔직해도 된다. 외부의 평가가 아닌, 내가 세운 기준으로 오늘을 평가하고 내일을 그려보는 것이다.

지금까지 이야기한 다섯 가지 실천 [내가 아끼는 것을 지키는 일, 작은 것부터 시작하는 습관, 곁에 있는 행복을 발견하는 시선, 그리고 이렇게 나를 되돌아보는 시간] 모두 결국 같은 목표를 향함을 알 수 있었다. 바로 나답게 살아가는 것. 이 다섯 가지는 크고 화려한 변화는 아니지만, 내가 흔들릴 때마다 중심을 다시 잡아주는 단단한 기둥이 되었다.

세상은 점점 더 빠르게 변하고, 사람들은 각자의 속도와 기준으로 나를 평가한다. 그 속에서 나답게 살아간다는 건, 내가 스스로 정한 속도와 방향을 믿고 지켜내는 일이다. 때로는 멈추고, 때로는 우회하며, 필요하면 다시 시작하는 것. 그것이 나의 호흡으로 살아가는 방식이다.

결국 나답게 살아간다는 것은 누구보다 나 자신을 잘 이해하는 데서 출발한다. 나를 이해할 수 있어야 선택이 선명해지고, 그 선택이 하루하루를 채운다. 그렇게 쌓인 하루들이 발자취가 되고, 그 발자취가 내가 걸어온 길을 증명한다. 나의 길은 남의 지도가 아닌, 내가 매일 조금씩 그려나가는 지도다. 우리 모두 각기 다른 지도를 그려 성장해 나아갔으면 좋겠다.

어쩌면 우리와 비슷한 드론

드론을 우리의 삶에 비유해 본다면

 드론의 구조를 간단하게 말하자면 비행의 두뇌 역할을 하는 비행 컨트롤러(FC), 조종사의 손길을 전하는 조종기, 그리고 하늘 위를 자유롭게 나는 기체가 있다. 드론이 하늘로 떠오를 때는 조종기에서 보낸 '상승' 신호를 FC가 받아들이고, 기체가 움직이며 비행이 시작된다.

하지만 하늘을 나는 일이 언제나 쉽고 평온한 것만은 아니다. 때로는 바람이 거세게 불어와 방향을 흔들기도 하고, 예상치 못한 날씨로 인해 비행이 어려워질 때도 있다. 물론 아무런 방해 없이 편안하고 순탄한 날도 있지만 말이다. 결국 드론은 주어진 목적, 예를 들어 촬영이나 정찰 같은 임무를 완수하고 나서 안전하게 땅에 내려앉아야 비로소 비행을 제대로 마쳤다고 할 수 있다.

이렇게 드론의 비행을 가만히 바라보고 있자니, 우리 인간의 삶과 비유하면 닮은 점들이 꽤나 있다고 생각이 들었다. 삶이란 각자의 목적지를 향해 떠나는 긴 여행과 같다. 어떤 날은 기분 좋은 바람을 만나 순조롭게 나아가고, 또 다른 날은 예상치 못한 거센 바람에 흔들리기도 한다. 우리는 그 속에서 어떻게든 균형을 잡고 원하는 방향으로 나아가려 애쓴다.

우리 삶에 중요한 것은 어쩌면 완벽하게 평탄한 길을 걷는 것이 아니라, 어떤 상황이 닥쳐도 방향을 잃지 않고 꾸준히 앞으로 나아가는 것일지 모른다. 때로는 힘겹고 지치는 순간도 있겠지만, 그 과정에서 우리는 분명 소중한 배움과 깨달음을 얻을 수 있다.

이제 드론의 비행과 함께 나의 삶, 그리고 우리 모두의 삶도 함께 바라보려 한다. 각자 마주하는 하늘 위에서 우리는 어떤 것들을 배우고, 어떤 깨달음을 얻을 수 있을지 기대가 된다.

자, 이제 함께 우리의 비행을 시작해볼까?

꼬리에 꼬리를 문 비행 컨트롤러

 드론에는 비행 컨트롤러(Flight Controller, FC)라는 두뇌 역할을 하는 장치와 FC에 명령을 내려주는 지상 관제 시스템(Ground Control System, GCS)이 있다. GCS는 사람의 손에 들린 조종기가 될 수도 있고, 컴퓨터 프로그램이 될 수도 있다. 조종기로 비행을 지시하면 사람이 직접 수동으로 드론을 조작하게 되고, 컴퓨터로 설정하면 미리 입력한 경로대로 드론이 자동 비행을 하게 된다.

드론의 비행을 보며 문득, 이 FC와 GCS가 인간의 내면과 외부 환경과 비슷하다는 생각을 하게 됐다. 우리 내면의 목소리나 생각이 FC라면, 외부의 상황과 타인의 목소리는 GCS와 비슷할 것이다. 드론이 지나치게 많은 신호나 잘못된 명령을 받으면 비행 중 오류가 생기듯, 인간도 내부와 외부에서 밀려오는 너무 많은 생각과 정보에 압도될 때 방향을 잃고 혼란스러워질 때가 있다.

그래서 드론을 운용할 때는 한 번에 많은 명령을 주는 대신, 순서대로 세심하게 신호를 보내는 것이 중요하다. 급하게 서두르거나 욕심을 부리면 오히려 제대로 날지 못하고 혼란을 겪는다. 우리 삶에서도 마찬가지다. 한 번에 여러 가지 일을 처리하려고 무리하면 결국 완성도는 떨어지고 스트레스만 쌓인다. 오히려 나의 능력과 상황에 맞게 하나씩 차근차근 해결할 때, 만족스러운 결과를 얻을 수 있다.

또한, FC와 GCS 간의 균형이 중요한 것처럼 우리 인생에서도 내부의 판단과 외부의 의견 사이의 균형을 잡는 것이 매우 중요하다. 때로는 외부의 목소리가 더 크게 들리기도 하고, 때로는 내 마음의 소리에 집중해야 할 때도 있다. 이 둘의 균형을 잘 잡으면 더욱 현명하고 행복한 방향으로 나아갈 수 있을 것이다.

어쩌면 삶이란 이렇게 내부와 외부의 신호를 잘 조율하며 균형을 맞춰나가는 과정일지 모른다. 지나친 욕심이나 급한 마음을 내려놓고, 지금 나에게 필요한 것을 차근차근 찾아가는 것이 중요하다.

그렇게 나의 비행, 우리 모두의 비행은 계속된다.

인생의 방향성 GPS

 드론이 목적지를 향해 정확히 비행하기 위해 반드시 필요한 것은 바로 GPS(Global Positioning System)이다. GPS가 없다면 드론은 자신의 위치를 알 수 없고, 원하는 방향으로 나아갈 수도 없다. 가끔은 삶도 이 드론의 비행과 비슷하지 않을까 하는 생각이 든다. 우리의 삶에도 분명 자신만의 GPS가 존재한다고 믿기 때문이다.

삶이라는 GPS는 과거와 현재, 그리고 미래라는 세 가지 축으로 구성되어 있다. 과거는 우리가 현재 서 있는 자리를 만들어 준다. 현재는 앞으로 나아갈 방향을 제시하고, 미래는 우리가 향하고 싶은 목적지를 그리게 한다. 그래서 때때로 멈춰 서서 스스로에게 질문을 던져보는 것이 중요하다. 지금 나는 행복한지, 어떤 어려움을 겪고 있는지, 그리고 앞으로 나는 어떤 삶을 살아가고 싶은지에 대해서 말이다. 이런 질문들은 우리의 삶이라는 GPS를 정확히 작동하게 만들어 줄 것이다.

돌이켜보면 과거의 나는 주변 사람들의 눈치를 보고, 타인의 말과 기대에 맞춰 살아가는 수동적인 사람이었다. 그리고 어린 마음에 꿈과 미래를 충분히 생각하며 살아가지 않았다. 너무 놀기만 하며 내 삶의 방향에 대해 깊이 생각하지 않았고, 단지 흘러가는 대로 편하게 지냈던 것 같다. 너무 놀기만 하고 친구들과 어울리며 지냈던 그 시절이 조금은 아쉽지만, 좀 더 깊이 있게 나 자신과 마주했더라면 지금 내 삶이 조금 더 뚜렷하지 않았을까 싶다. 이후 회사 생활을 시작하고 사회에 첫발을 내딛게 되면서 내 삶의 GPS가 본격적으로 작동하기 시작했다. 앞으로는 미래 그리고 현재를 생각하면서 나 자신을 돌아보며 고민하고, 앞서 말한 나다움을 지켜가며 수동이 아닌 능동적인 삶을 살아가고 싶어졌다.

지금의 나는 점점 할 수 있는 일이 많아지고, 성취감을 느끼는 순간들이 늘어나고 있다. 스스로 성장하고 있다는 기분이 들 때마다 더 잘해보고 싶은 욕심이 생긴다. 비록 완벽한 방향을 찾지 못한 채 여전히 헤매는 순간도 있지만, 그런 순간마저도 내 인생의 GPS가 정확한 위치를 찾기 위해 거치는 과정이라고 믿고 싶다.

이 글을 읽고 있는 여러분도 잠시 멈춰서 각자의 GPS를 점검해 보면 좋겠다. 지금 어디에 서 있고, 앞으로 어디로 가고 싶은지 한번 진지하게 생각해 보면 좋겠다. 함께 각자의 방향성을 찾아 조금씩 앞으로 나아가는 멋진 여정을 기대해 보았으면 한다.

내려올 수 있는 용기

 드론에게 '착륙'이란 단순히 땅으로 돌아오는 것 이상의 의미를 갖는다. 착륙은 드론의 비행 여정을 완성하는 가장 중요한 단계이다. 아무리 하늘 위에서 완벽한 비행을 했다고 해도, 마지막 착륙이 실패한다면 그 비행은 결코 성공이라고 할 수 없다. 착륙은 비행의 마침표이자 다음 비행을 준비하는 시작점이다.

드론의 착륙은 크게 두 가지 의미를 지닌다. 첫째는 임무 완성의 의미다. 드론이 맡은 촬영이나 정찰 같은 목적을 다 이루었다고 해도, 무사히 착륙하지 못하면 모든 노력은 무의미해진다. 둘째, 때로는 임무가 만족스럽지 않더라도 착륙은 필수적이다. 제대로 착륙해야만 데이터를 점검하고 잘못된 부분을 수정해 다음 비행을 준비할 수 있기 때문이다. 드론은 착륙을 통해 다시 날 수 있는 기회를 얻는다.

우리 인간의 삶도 이와 다르지 않다. 때로는 '내려올 수 있는 용기'가 필요하다. 어떤 일에 실패했거나 결과가 만족스럽지 않더라도, 적절한 시기에 마무리하고 내려오는 결단이 중요하다. 그러나 우리는 종종 이 용기를 잃고 욕심에 휘둘린다. 만족스럽지 않은 결과에 집착하거나, 혹은 아예 모든 것을 포기해 버리기도 한다. 여기서 분명한 차이가 있다. 내려오는 것은 다음 기회를 위한 준비지만, 내려놓는 것은 완전한 포기다.

돌이켜 보면, 나는 과거에 수많은 일을 쉽게 내려놓아 버렸던 것 같다. 일이 어려워지거나 실패의 기미가 보이면 손을 놓기 일쑤였고, 끈기와 인내가 부족했던 나는 자신감을 잃고 뒤처지곤 했다. 그런 마음으로 시작한 사회생활이 결국 초반엔 불안과 두려움으로 가득차 나의 비행은 다시 시작하더라도 매우 불안정했다.

하지만 삶을 살아가면서 만난 사람들 덕분에 중요한 사실을 깨달았다. 진정한 성취는 시작뿐 아니라 끝맺음을 잘할 때 비로소 완성된다는 것이다. 시작은 화려할지 몰라도 마무리가 흐지부지 된다면 그 모든 과정이 빛을 잃는다. 드론이 화려하게 하늘을 날아올라도 착륙하지 못하면 그 비행은 실패하듯, 우리 인생에서도 과정뿐 아니라 마무리가 중요하다는 점을 깨닫게 되었다.

앞으로의 나는 내려놓는 대신 잠시 내려오고자 한다. 실패와 좌절이 있음에도 그 속에서 다음을 준비할 가능성을 찾아보려 한다. 실패를 통해 배우고, 그 경험을 토대로 다시 날아오를 준비를 한다.

성공의 착륙 그리고 다음 단계를 위한 착륙 두 가지 모두 용기가 필요하다. 다음 단계로 나아가기 위해서라면 실패를 두려워해 끝없이 하늘 위에 머물지 말고, 내려와 충분히 쉬고 준비한 뒤 다시 날아보자. 우리의 삶은 언제든 다시 비행할 수 있는 힘을 가지고 있기 때문이다.

사람의 배터리

 드론에게 배터리는 단순히 전원을 공급하는 역할 이상의 의미를 가진다. 배터리는 드론의 모터를 움직이는 유일한 원동력이다. 아무리 뛰어난 기술과 설계를 가진 드론이라 할지라도, 배터리가 방전되거나 부족하면 결국 움직일 수조차 없는 물건에 불과하다. 배터리는 드론에게 있어 생명과도 같다.

우리 인간에게도 드론의 배터리와 같은 것이 있다. 바로 '체력'이다. 체력이 뒷받침되어야 몸과 마음 모두 제대로 작동한다. 체력이 떨어지거나 고갈되면 겉으로는 아무렇지 않은 척해도 안에서는 서서히 균열이 일어난다. 몸은 지치고, 마음은 약해지며, 결국 우리는 그 무게를 감당하지 못하고 쓰러지게 된다.

사회생활을 하다 보면 열정과 욕심에 가득 차 일을 끊

임없이 밀어붙이게 된다. 그렇게 쉼 없이 달리다 보면 마치 배터리를 충전하지 않은 채 하늘에 드론을 띄우는 것과 같다. 언젠가는 무너지게 되어 있다. 나 역시 "잠은 나중에 자면 돼"라는 생각으로 몸을 혹사시킨 적이 있었다. 그 결과는 참담했다. 피로는 누적되어 번아웃이라는 상태를 맞이했고, 무기력과 우울함 속에 오랫동안 헤어나지 못했다.

결국 나는 약물 치료까지 받으며 겨우겨우 회복할 수 있었다. 이 경험을 통해 나는 '수면'이라는 휴식이 얼마나 중요한지 깊이 깨닫게 되었다. 아무리 마음이 열정적이고 열심히 일을 하고 싶어도 수면이 부족하면 몸과 마음 모두 망가진다. 지금은 매일 최소 7시간의 수면을 지키며 생활을 하려 노력하고 있다. 전문가들이 권장하는 시간이 7~8시간이기에 나만의 최소 기준선을 정하고 반드시 지키는 것만으로도 삶의 질이 확연히 달라졌다.

이제는 휴식이 필요하다고 느껴질 때는 그 상황에 따라 정말 쉬어야 한다면 쉬고, 아직 내가 책임질 일이 남아있다면 그 일을 완수 후에 휴식을 취하고 있다. 내가 진정으로 좋아하는 일을 하며 시간을 보내거나, 잠시 어디론가 떠나기도 하고, 때론 집에서 아무것도 하지 않고 가만히 쉬기도 한다. 쉬는 것은 게으름이 아니라 의도적이고 현명한 '멈춤'이다. 다음 비행을 위한 에너지를 채우는 시간이기 때문이다.

삶의 배터리가 완전히 방전되기 전에 스스로를 위한 충전 시간을 꼭 가져보면 좋겠다. 일을 열심히 하는 것도 중요하지만, 반드시 충전하는 시간을 만들어야 더 오래, 더 멀리 날 수 있다. 잠시 멈춰 서서 나를 돌보고 쉬어가는 일은 인생이라는 긴 비행을 위한 필수 조건이다.

우리 모두 다시 힘차게 날아오르기 위해 지금 이 순간, 나 자신을 위한 충전의 시간을 가져보자.

바람에 흔들려도 쓰러지지 말아

 우리는 매일 크고 작은 바람 속에서 살아간다. 가벼운 산들바람부터 때로는 강하게 휘몰아치는 바람까지, 우리의 일상은 늘 바람과 함께 한다. 하늘 위를 나는 드론도 이 바람을 온몸으로 맞으며 비행을 이어간다. 바람은 높이 오를수록 더욱 거세져 드론을 흔들기도 하고, 원하는 방향에서 벗어나게 만들기도 한다. 그러나 드론은 바람에 맞서 중심을 잡고, 목표를 향해 다시 방향을 바로 잡는다.

드론이 강한 바람 속에서도 균형을 잡고 안정적으로 날 수 있는 비결은 바로 자이로 센서와 GPS 덕분이다. 자이로 센서는 드론의 회전과 자세의 미세한 변화를 감지해 즉시 균형을 잡아주고, GPS는 드론의 위치를 정확하게 확인하여 원래의 경로에서 벗어나지 않도록 도와준다.

드론의 이런 기능을 바라보면서 문득 우리 인간의 마음과 참 많이 닮았다는 생각이 들었다. 우리의 마음 역시 외부의 상황이나 사람들의 말에 쉽게 흔들리고 상처받는다. 작은 말 한마디에도 마음이 휘청거리거나 무너질 때가 많다. 나 역시 타인의 시선과 말에 지나치게 신경 쓰며 쉽게 상처받는 마치 작은 충격에 쉽게 부서지는 유리 같았다.

그래서 요즘 나는 나만의 자이로 센서와 GPS를 단련하는 중이다. 쉽게 흔들리더라도, 다시 중심을 잡고 본래의 나로 돌아오는 힘을 기르는 것이다. 마음의 중심을 잡는다는 것은 결코 쉬운 일이 아니지만, 꾸준히 노력하다 보면 반드시 성장할 수 있다고 믿는다.

우리 삶에 불어오는 바람이 늘 부드럽고 산들거린다면 좋겠지만, 현실은 그렇지 않다. 때로는 거칠고 날카로운 바람과 마주할 수밖에 없다. 하지만 우리는 그 바람 속에서 균형을 잡는 법을 배워야 한다. 내가 처음 어떤 일을 시작했을 때의 그 설렘과 기쁨을 기억하며, 흔들리는 순간에도 중심을 잃지 않고 그 안에서 다시 즐거움을 찾아내는 연습을 해보면 어떨까.

우리 모두의 인생에 불어오는 바람이 언제나 잔잔하진

않을 것이다. 그러나 자신의 센서와 GPS를 잘 다듬고 단단히 준비한다면, 거센 바람 속에서도 흔들릴지언정 쉽게 넘어지지는 않을 것이다. 지금 이 순간도 사실 나에게는 작은 고난의 순간이다. 하지만 이 글을 잘 마무리하고, 책으로 엮는 그 날까지 나는 계속 흔들리더라도 결코 넘어지지 않고 꿋꿋이 나아가려 한다.

우리 모두 각자의 삶 속에서 바람을 맞으며 흔들리더라도, 다시금 중심을 잡고 일어설 수 있기를 바란다.

내 손을 떠난 순간

 드론을 날리다 보면, 모든 것이 계획대로 움직이지 않을 때가 있다. 순간적인 바람, 신호 불안정 혹은 조종기의 오작동. 그럴 땐 아무리 스틱을 움직여도 드론은 제멋대로 움직이고, 심지어 저 멀리 날아가 버리기도 한다. 조종기 위에 올린 손은 그대로인데, 내 의도와 전혀 다른 방향으로 움직이는 그 모습은 묘한 무력감을 안겨준다.

가끔 내 삶이 꼭 그런 드론 같을 때가 있다. 분명 마음속에서는 '이렇게 해야 한다'고 생각하지만, 몸과 행동은 전혀 다른 방향으로 가버린다. 해야 할 일을 미루고, 감정을 통제하지 못해 불필요한 말을 하고, 습관처럼 반복되는 실수를 되풀이한다. 그럴 때 나는 나를 조종하는 '조종기'가 고장 난 것처럼 느껴진다.

드론이 통제 불능에 빠졌을 때, 경험 있는 조종자는

억지로 잡으려 들지 않는다. 대신 순간적으로 모든 조작을 멈추고, 드론이 안정될 수 있는 고도를 확보한 뒤, 천천히 방향을 잡아 다시 제어한다. 나도 마찬가지다. 내 마음과 행동이 통제되지 않을 때, 억지로 모든 걸 바로 잡으려고 애쓰기보다 잠시 멈춰야 한다. 호흡을 고르고, 내가 서 있는 자리를 확인하고 불필요한 조작을 줄이는 것. 그것이 먼저다.

조종이 다시 가능해졌을 대, 드론은 다시 비행을 이어간다. 그리고 나 역시, 마음을 안정시키고 천천히 방향을 다시 잡으면 다시 내가 원하는 삶의 고도를 유지할 수 있다.

우리는 모두 언젠가 '내 손을 떠난 순간'을 경험한다. 그때 중요한 건, 그 순간을 완벽하게 피하려는 게 아니라 그 순간을 안전하게 지나가는 방법을 아는 것이다.

드론으로 바라보는 세상

하늘을 날아볼래

 가끔은 땅을 밟고 사는 우리 인간이 새처럼 하늘을 날 수 있다면 어떤 느낌일지 상상해본 적이 있다. 비록 몸은 직접 날아오를 수 없지만, 드론 덕분에 나의 시선만큼은 자유롭게 하늘 위를 떠다닐 수 있게 되었다.

드론을 하늘 위로 띄우고 나면, 처음에는 평범하게 보이던 주변 풍경이 신기하게 달라진다. 지상에서 봤을 땐 그저 단순한 건물이나 도로였던 것들이, 위에서 내려다보면 하나의 커다란 예술작품처럼 보이기도 한다. 자동차가 작은 장난감 같고, 나무들은 브로콜리처럼 귀엽게 느껴진다.

하지만 무엇보다 내가 드론을 띄웠을 때 가장 설레는 순간은, 하늘을 날며 만나는 구름의 모습이다. 가끔씩 하늘 위에 떠 있는 구름을 보면 자연스럽게 마음이 편안해진다. 파란 하늘을 배경으로 부드럽게 흘러가는 구름의 움직임은 바라보기만 해도 마음에 휴식을 준다. 하늘 위에선 서두를 필요가 없다. 그저 조용히 천천히 구름을 따라 시선을 움직이다 보면 어느새 마음의 복잡한 생각들이 조금씩 정리되곤 한다.

우리의 일상은 너무 바쁘고, 때로는 숨이 막힐 정도로 답답할 때가 많다. 이럴 때 잠깐 공원의 벤치나 한적한 곳에서 드론을 띄우고 하늘에서 세상을 바라보는 순간을 상상해 보면 어떨까. 만약 정말 상상이 되지 않는다면, 자신이 슈퍼맨이 되었다고 생각하며 세상을 바라보는 상상을 해보자.

하늘 위에는 지상의 분주함이나 복잡함이 없다. 그곳에서는 모든 것이 단순하고, 맑고, 가벼워 보인다. 우리는 비행기나 헬기가 아닌 드론이라는 작은 기계를 통해 이 특별한 풍경을 더 쉽게 만나볼 수 있게 되었다.

삶에 지치고 답답할 때마다 잠시라도 하늘 위의 시선으로 세상을 바라보자. 매일 반복되는 일상도 조금 다르게 보일지 모르니 말이다.

구수한 마을

 마트도 편의점도 없는 작은 시골 마을. 시간이 느리게 흐르는 이 마을에는 오래된 집들이 서로 다정하게 어깨를 맞대고 있다. 그리고 이 마을을 오래도록 지키고 계시는 노부부가 있고, 자연친화적인 경험을 쌓아가며 성장했으면 하는 아이를 가진 가족 그리고 정년퇴직을 하고 귀농을 하고 있는 가족도 있다.

여기 마을 사람들은 디지털 기기의 흔적을 찾기 힘들다. 식사 준비부터 청소까지, 그들은 모든 것을 직접 손으로 한다. 그리고 이 사람들에게는 스마트폰이나 SNS보다 훨씬 중요한 소통 도구가 있다. 바로 마을 한가운데 위치한 작은 정자다. 이 정자 아래서 마을 사람들은 모여 앉아 도란도란 대화를 나눈다. 계절마다 정자의 풍경도 달라진다. 여름에는 매미의 울음소리가 배경음악처럼 울려 퍼지고, 봄과 가을에는 부드러운 바람이 마을을 천천히 지나간다. 겨울이면 굴뚝에서 피어오르는 하얀 연기가 마을의 평화로운 분위기를 한층 더 깊게 만들어준다.

이렇게 느린 시간을 살아가는 마을을 보며 도시 생활에 익숙한 나는 잠시 멈춰 서게 된다. 도시는 너무 분주하고, 급하게 지나가는 시간 속에서 우리는 자신을 잃고 허덕이는 때가 생긴다. 그러나 이 시골 마을에서는 공기와 분위기 그리고 그 순간 자체가 여유롭다. 영화 '리틀 포레스트'처럼 모든 것을 내려놓고 마을의 흐름에 몸을 맡겨보는 건 어떨까? 옆집 어르신이 다가와 "이리 와서 밥 한 끼 먹고 가"라고 하시며 따뜻한 말을 건네시고, 밤하늘에는 도심에선 볼 수 없는 수많은 별들이 반짝이는 것을 볼 수 있다.

시골 마을은 우리에게 그리움과 정겨움을 선사한다. 숲에서 불어오는 바람은 싱그러운 풀내음을, 밭에서 불어오는 바람은 구수한 흙내음을 전해준다. 이 작은 시골 마을들은 우리가 지금의 편리하고 발전된 도시 생활을 누릴 수 있도록 만들어 준 귀중한 토대다. 마을에서 오래도록 살아온 윗세대 분들에게 감사하는 마음과 더불어, 과거에 대한 소중함을 잊지 않아야 한다.

이제는 점차 사라져가는 작은 시골 마을이 우리에게

전하는 여유와 온기를 다시금 기억할 필요가 있다. 언젠가 시간이 허락한다면, 잠시나마 이런 따뜻한 시골의 품에 안겨 쉬어가는 날이 있었으면 한다. 그때까지 마을이 주는 정겨움과 온기가 마음 깊숙이 남았으면 한다.

놀이터

 아이들이 놀이터에서 뛰노는 모습을 보면 문득 어린 시절의 내가 떠오르곤 한다. 그 시절에는 친구들과 함께 술래잡기를 하며 뛰어다녔다. 넘어지고 다치더라도 다시 일어나 친구들을 잡으러 달려가는 것이 마냥 즐거웠다. 그네를 타고, 서로를 밀어주며 하늘 높이 올라갈 때의 시원함은 아직도 생생하다. 처음 정글짐에 올라 꼭대기까지 도달했을 때의 성취감은 잊기 어렵다. 그때 우리는 세상이 온통 놀이와 새로운 경험들로 가득 찬 것처럼 느껴졌다.

어린 시절은 모든 것이 새롭고 신기하다. 처음 만나는 친구들과 사회성을 키우고, 옳고 그름을 배우며, 넘어지는 법과 다시 일어서는 법을 자연스레 익힌다. 그러면서 우리는 점점 어른이 되어간다. 성인이 된 지금, 우리는 그때의 경험들이 만들어낸 결과물로 살아가고 있다.

어른이 되고나니 과거 힘들었던 순간이 있었지만, 가끔씩 그 순간들 마저 그리워지는 때가 있다. 그리고 놀이터를 지나가다 아이들의 밝은 웃음소리를 들으면 마음 한편에 부러운 마음과 함께 아련한 그리움이 찾아온다. 왜 우리는 이미 지나가 버린 과거를 늘 그리워하는 걸까? 어쩌면 그 시절엔 지금의 복잡한 고민들이 없었고, 단순히 즐겁고 행복하기만 했기 때문이 아닐까 생각한다.

하지만 그 그리움에만 빠져 있는 것은 우리의 발목을 잡는 일이다. 과거는 현재의 우리를 만들었지만, 미래까지 만들어 주지는 않는다. 미래는 오직 지금의 우리가 만들어 갈 수 있다. 어린 시절의 나는 지금의 나를 억만장자로 만들어 줄 수 없지만, 현재의 나는 그 꿈을 향해 한 걸음씩 나아갈 수 있다.

과거를 추억으로 소중히 간직하되, 그리움에만 갇혀 있지 말자. 과거의 기억을 되새기며 용기와 힘을 얻고, 앞으로 나아가자. 우리에게 주어진 현재라는 시간은 여전히 새로운 도전과 경험으로 가득 차 있다. 우리는 어린 시절보다 훨씬 더 많은 경험과 지혜를 가진, 조금 더 큰 아이들이다. 아직 해보지 않은 일들이 많고,

새로운 도전도 두려울 수 있지만, 그것을 마주하는 용기를 가져보자.

놀이터에서 뛰어노는 아이들의 밝은 웃음소리처럼, 우리의 미래도 밝고 힘차게 만들어 갈 수 있기를 바랐으면 한다.

도시의 별

 밤이 깊어져도 이 도시의 불빛은 꺼지지 않는다. 어둠 속에서도 식당과 병원, 회사의 창문 너머로 환한 불빛이 새어 나온다. 누군가는 늦은 밤 병원을 지키며 환자를 돌보고 있고, 또 누군가는 다음날 있을 중요한 회의를 위해 밤새 자료를 준비하고 있다. 주방에서는 누군가의 허기를 달래기 위해 정성껏 음식을 만들고, 한 예술가는 자신의 작품을 완성하기 위해 조용히 캔버스 앞에 앉아 있다. 이들의 불빛 덕분에 새벽 거리를 걷는 내 발걸음은 결코 어둡지 않다.

가끔씩 나는 늦은 시간까지 일하고 있는 사람들의 이야기를 듣고 놀라움을 느낀다. 그것이 친구일 수도, 가족일 수도, 혹은 얼굴도 모르는 낯선 이들일 수도 있지만, 각자의 위치에서 최선을 다해 살아가는 모습은 늘 경이롭다. 모든 사람은 자신이 처한 자리에서 의미 있는 역할을 하고 있다. 그들이 있기에 지금의 우리가 있고, 우리가 편안하고 안정된 생활을 누릴 수 있는 것이다.

배달 기사님이나 편의점 직원이라는 직업을 단지 가벼이 여기지 말았으면 한다. 이들이 있기에 우리는 늦은 밤이나 이른 새벽에도 편리한 일상을 유지할 수 있으니 말이다. 작고 보잘 것 없다고 생각되는 일들도 결국 사회 전체를 유지하는 중요한 역할을 하고 있다는 사실을 잊지 말자.

우리도 각자 자신의 자리에서 빛을 발할 수 있다. 지금 맡고 있는 일이 작고 사소해 보일지라도 그 일을 묵묵히 해나가는 것이 중요하다. 나의 작은 일이 누군가에게는 커다란 위로가 되기도 하고, 삶의 중요한 부분이 될 수도 있다. 별이 혼자서는 작은 빛일지라도, 모여서 밤하늘을 밝히듯, 우리 모두가 각자의 자리에서 최선을 다하면 그 빛이 모여 큰 힘이 될 것이다.

어쩌면 이 도시를 밝히는 수많은 불빛이 밤하늘에 반짝이는 별들과도 같다는 생각이 든다. 각자 다른 자리에서 열심히 노력하며 세상을 조금씩 밝히고 있는 사람들. 오늘도, 내일도, 이 도시의 별들이 꺼지지 않고 우리 모두의 길을 환하게 비춰줄 것이다.

빈 자리를 메꿔주는 존재들

 불과 몇 년 전만 해도 이곳은 활기찬 아이들의 웃음소리와 수업을 알리는 종소리로 가득했던 학교. 쉬는 시간이면 운동장에서는 축구공이 굴러가고, 줄넘기하는 아이들의 즐거운 웃음소리가 퍼져나갔다. 하지만 시간이 지나 아이들의 수가 점점 줄어들었고, 결국 마지막으로 남은 학생들이 졸업하며 학교는 문을 닫게 되었다.

이제는 아무도 오지 않는 이곳은 사람의 손길마저 끊어졌다. 모든 것이 멈춰버린 듯했다. 교실의 책상과 의자, 분필 가루가 묻어있던 칠판까지도 그때 그대로 남겨진 채 멈춰 있는 시간 속에 갇혀버린 듯 보였다. 더이상 이곳은 아이들의 미래를 위한 공간이 아니라, 누군가의 기억 속에만 존재하는 과거의 장소가 되었다.

그러나 멈춘 것 같았던 이 학교에도 시간이 조용히 흘렀다. 사람 대신 자연이 이 자리를 차지하기 시작했다. 창문 틈으로 들어온 햇살 아래에서는 이끼가 초록빛으로 자라났고, 교실 벽을 타고 오르는 덩굴 식물들이 천천히 공간을 장식하기 시작했다. 한때 아이들이 뛰놀던 운동장에도 다양한 꽃과 잡초가 어우러져 새로운 모습을 만들어냈다. 그곳에는 이제 새들이 지저귀고, 때로는 조용히 꽃사슴이 찾아와 발자국을 남기고 간다.

이 모습을 보면서 알게 되었다. 우리가 떠난 자리에도 결국 누군가는 찾아와 그 자리를 대신해 준다는 것을 말이다. 과거의 모습을 그대로 간직할 수는 없지만, 새로운 존재가 그 빈 자리를 채워 또 다른 모습을 만들어간다.

하지만 한편으로는 그런 변화가 마냥 기쁘지만은 않다. 누군가의 추억으로만 남겨지는 장소가 되어버리는 것이 슬프기도 하고, 과거로 돌아갈 수 없다는 사실이 때로는 아쉽게 느껴지기 때문이다. 학교는 한때 아이들의 미래를 키워주던 곳이었다. 하지만 이제 그곳은 더 이상 앞으로 나아가지 않고, 우리에게는 돌아갈 수 없는 과거의 상징이 되었다.

그럼에도 이곳에서 자라고 있는 식물들과 찾아오는 동물들의 모습에서 새로운 희망을 본다. 어쩌면 우리가 지나온 자리가 또 다른 생명의 터전이 되고, 새로운 이야기가 피어나는 곳이 될지도 모르니까. 우리가 살아가는 세상도 결국 이러한 반복된 변화 속에서 앞으로 나아가고 있는 것은 아닐까.

나 홀로 나무

 공원 언덕 위에 홀로 서 있는 나무 한 그루가 있다. 사람들은 이 나무를 '나 홀로 나무'라고 부른다. 사계절 내내 푸르름을 잃지 않는 측백나무로, 주변에 다른 나무들이 없어 더욱 홀로 있는 것처럼 보인다. 하지만 이 나무는 결코 외롭지 않다. 오히려 혼자라는 고요함 속에서 당당한 존재감을 드러내고 있다.

'나 홀로 나무' 아래에서는 사람들의 발걸음이 끊이지 않는다. 바쁜 일상에서 잠시 벗어나 산책길을 걷던 사람들은 이곳에 잠시 앉아 쉬어간다. 돗자리를 펴고 친구들과 함께 피크닉을 즐기는 이들도 있고, 혼자 찾아와 책을 읽으며 조용한 시간을 보내는 사람도 있다. 커다란 나무 그늘이 만들어 준 시원한 공간은 도시에서 쉽게 만날 수 없는 귀한 쉼터가 된다.

이 나무는 그저 서 있을 뿐이지만, 그 존재만으로도 위로와 여유를 준다. 바람이 불 때마다 나뭇잎이 살랑거리는 소리는 조용한 속삭임처럼 들리고, 나무를 통해 비치는 햇살은 잔잔하게 마음을 어루만져 준다. 나홀로나무는 말없이 사람들을 반기고, 조용히 곁을 내어준다.

도시의 시끄러운 소음과 복잡한 일들 속에서 우리는 종종 자신을 잃어버리곤 한다. 그럴 때마다 도시 속이 공원의 나홀로나무가 나에게 쉼과 여유를 준다. 나무 아래 앉아 멍하니 바라보다 보면, 시간이 천천히 흐르는 듯한 기분이 든다. 마치 이곳만이 별도의 세계인 것처럼 느껴지기도 한다.

이 나무처럼, 우리도 누군가에게 그런 존재가 될 수 있으면 좋겠다. 큰 말이 없어도 괜찮고, 대단한 위로가 아니라도 좋다. 조용히 그늘을 만들어 주고, 곁에 있어 주는 것만으로도 충분한 그런 존재 말이다. 서로의 존재를 인정하고, 그저 함께하는 것만으로도 편안함을 느낄 수 있는 관계. 그런 나무 같은 사람으로 살아가고 싶다.

오늘도 '나 홀로 나무'는 공원 언덕 위에 홀로 서서, 사람들의 발걸음을 기다리고 있다.

스쳐가는 사람들

쓸쓸하지만 그 안에서 자라는 것들

 하루 일과를 마치고 집으로 돌아와 현관문을 열 때면, 가족과 함께 생활할 때와는 달리 혼자 감당해야 하는 집안 일들이 먼저 나를 맞이한다. 타지에서 혼자 생활하다 보니 가장 사소한 것들도 크게 느껴질 때가 있다. 뒤쳐진 집안일, 누군가 대신해줄 사람 없는 자잘한 책임들, 그리고 아무도 없는 집안의 고요함까지도 말이다.

매일 반복되는 일상 속에서 문득 외로움이 찾아올 때면, 주변에 아무도 없다는 사실이 더욱 뚜렷하게 느껴진다. 그럴 때면 나도 모르게 누군가에게 기대고 싶은 마음이 든다. 혼자 모든 것을 짊어지고 사는 게 때로는 너무 무겁게 느껴지기 때문이다.

그러나 시간이 지나며 조금씩 깨달았다. 혼자 보내는

이 고독한 시간이, 오히려 나를 가장 깊게 성장시켜주는 소중한 시간이라는 것을 말이다. 처음에는 그저 견디고 버텨야 하는 시간이라고만 생각했다. 하지만 점점 이 고요한 순간들이 나를 돌아보게 하고, 나의 내면을 제대로 들여다볼 수 있는 계기가 된다는 걸 알게 되었다. 다른 사람의 의견이나 판단에서 벗어나, 내가 진정으로 원하는 것이 무엇인지, 앞으로 어떤 방향으로 나아가야 할지 더 선명하게 보이기 시작했다.

물론 외로움을 마주하고 혼자 해결책을 찾는 과정이 결코 쉽지는 않다. 때로는 버겁고, 누군가의 위로나 도움이 절실해지기도 한다. 그럼에도 그 시간을 묵묵히 견디고 나면, 이전보다 한층 단단해진 내 모습을 마주하게 된다. 나의 결정과 선택으로 이루어진 삶이 점차 쌓여가면서, 나는 조금씩 더 분명한 존재가 되어간다.

흔들리지 않는 사람은 없다. 나도 여전히 가끔 흔들리고 무너지는 때가 있다. 하지만 이제는 혼자 일어나고 다시 스스로를 다독이는 법을 조금씩 익혀가고 있다. 혼자 있는 이 시간이 쓸쓸하고 외롭더라도, 동시에 나를 가장 크게 키워주는 소중한 시간이기도 하다.

외로움을 너무 피하려 하지 말자. 그 쓸쓸한 순간 속에서 스스로에게 질문을 던지고, 내가 어떤 사람이며 무엇을 원하는지 찬찬히 살펴보자. 그렇게 얻어낸 작은 답들이 모여 나의 삶을 더 의미 있는 방향으로 이끌어줄 것이다. 오늘의 쓸쓸함이, 결국 내일의 나를 더욱 단단하게 만들 거라 믿는다.

혼자 걷는 길 위에서도

 일을 하며 하루를 보내고 집으로 돌아와 현관문을 열고 들어올 때면 문득 익숙해진 고요함이 나를 반긴다. 그 순간이면 '정말 인생은 결국 혼자일 수밖에 없는 걸까?' 하는 생각이 종종 떠오르곤 했다. 넘어지는 순간에도 혼자 일어나야 하고, 힘든 시간을 보내는 것도 결국 혼자 견디는 것이 아닌가 하는 외로움이 몰려왔다.

하지만 조금 더 들여다보면 진짜 혼자였던 적은 한 번도 없었던 것 같다. 내 생각과 성격, 내가 품고 있는 감정조차도 결국 누군가와의 관계에서 비롯되었기 때문이다. 사람들과 주고받는 사소한 대화, 그들이 던진 작은 한 마디들이 내 삶을 조금씩 빚어 왔다는 걸 알게 됐다.

지금 내가 글을 쓰고 있는 것도 누군가의 조언 덕분이다. 평소 글을 좋아하던 나에게 누군가가 "한 번 책을 써 보는 게 어때요?"라고 말해주었고, 그 작은 권유 하나가 나를 새로운 세계로 이끌었다. 때론 이렇게 나도 모르게 누군가가 던져준 기회나 말 한마디가 인생의 방향을 크게 바꿔 놓기도 한다.

재능도 그런 것 아닐까? 내가 가진 무언가를 스스로 발견하기도 하지만, 그것을 알아봐 주고 키워주는 사람은 언제나 따로 있다. 스스로 재능을 가졌다고 생각해도 주변의 시선과 평가가 없다면 그것은 빛을 발할 기회를 얻기 힘들다. 혼자 힘으로 성장할 수도 있지만, 결국 결정적인 순간에 기회를 주고 가능성을 열어주는 건 타인의 눈과 마음이다.

물론 누군가 준 기회를 잡고 자신의 것으로 만드는 건 결국 나의 몫이다. 객관적인 평가와 나만의 주관적인 판단이 조화를 이루어야 우리는 비로소 성장할 수 있다. 타인의 눈으로 자신을 보고, 동시에 내 안의 진짜 목소리에 귀를 기울이는 균형을 갖추는 게 중요하다.

인생을 홀로 걷고 있다고 느껴질 때마다 기억했으면 한다. 내가 나답게 살아갈 수 있도록 영향을 준 사람들, 내 곁에 있어준 가족과 친구, 스쳐 간 인연들 모두가 지금의 나를 만들었다는 것을. 혼자 걷는 길 위에서도 사실은 수많은 사람들이 나와 함께 걷고 있었다는 것을 말이다.

그러니 외롭다고 쉽게 결론짓지 말자. 우리는 혼자인 듯하지만 결코 혼자이지 않았다. 그리고 앞으로의 삶에서도 여전히 많은 이들과 함께 걸어가고 있을 것이다.

나를 일으켜주는 사람들

 살아가다 보면 예고 없이 무너지는 순간을 마주하게 된다. 그럴 때마다 혼자서 모든 것을 견뎌야 한다는 생각에 마음이 무겁고 두려워진다. 아무도 대신 살아줄 수 없다는 걸 알기에, 넘어지고 일어나는 과정마저도 스스로 겪어야만 한다는 게 때로는 버겁고 막막하다.

그런데 돌이켜보니, 정말 혼자였던 순간은 없었다. 내가 무너질 때마다 주변에는 나를 다시 일으켜주는 사람들이 있었으니 말이다. 때로는 따뜻한 말로, 때로는 무뚝뚝하지만 단호한 충고로 내게 손을 내밀어 주었다. 처음에는 그들의 말이 마음에 깊은 상처를 남기기도 했고, 그 무거움에 다시 주저앉아버릴 것 같았지만, 결국에는 그 진심이 담긴 말과 행동들이 나를 다시 일어나게 만든 힘이었다.

나에게 다정한 위로를 건네며 곁을 지켜준 사람, 그리고 말없이 내 이야기를 들어주며 내 마음을 알아준 이도 있었다. 그들은 특별한 무언가를 해준 것이 아니었다. 그저 나와 함께하며 내 옆에 존재했다. 무너진 채로 앉아 있을 때도, 함께 시간을 보내며 내 마음의 공간을 채워주었다.

가끔 그때의 순간들이 생각날 때가 있다. 아무것도 보이지 않았던 캄캄한 시간, 포기하려 했던 그때, 누군가의 작은 한마디가 빛처럼 다가왔다. 그 말 한마디가 나를 다시 일으켰고, 다시 걷게 만들었다. 내가 무너졌던 수많은 순간은 결국 누군가의 도움으로 채워졌다.

지금 나는 혼자 걸어가고 있는 듯 보이지만, 사실 많은 사람들이 내 곁에서 나를 붙잡아 주고 있음을 느낀다. 그들의 마음과 응원이 없었다면 지금의 나는 존재하지 않았을 것이다. 앞으로도 나는 때로 흔들리고 넘어질 것이다. 하지만 이제 나는 그때마다 나를 일으켜 준 사람들을 기억하며 다시 한 번 용기를 낼 수 있을 것 같다.

언젠가 나 역시 누군가에게 그런 사람이 되어줄 수 있기를 바란다. 내 곁에서 아무 말 없이도 나를 든든히 지켜준 사람들처럼, 나도 누군가에게 손을 내밀어 주는 사람이 되고 싶다. 그렇게 서로를 지탱해주고 힘이 되어주는 존재가 되어, 함께 무너지고 함께 일어서며 살아가고 싶다.

퍼즐 조각 같은 관계 속에서

 우리의 관계는 종종 복잡한 퍼즐과 같다. 각각의 조각들이 자신만의 모양과 색깔을 가지고 있듯, 사람들도 저마다 다른 성격과 가치관을 가지고 있다. 어떤 사람과는 쉽게 어울려 편안하게 관계를 맺지만, 또 어떤 이와는 아무리 애를 써도 삐걱거리고 어색하기만 하다.

어릴 때 퍼즐을 맞추다 보면 쉽게 제자리를 찾는 조각이 있는가 하면, 아무리 찾아봐도 어울리는 자리를 찾기 힘든 조각이 있었다. 억지로 맞추려 하면 그림 전체가 어긋나 버리고 말았다. 사람과의 관계도 마찬가지다. 잘 맞지 않는 사람과 억지로 어울리려다 보면 서로에게 상처가 되고 힘들어지곤 한다. 그러나 그 조각이 어울리지 않는다고 해서 틀린 조각이라고 단정 지을 수는 없다.

우리는 때로 내 곁에서 잘 맞는 사람에게만 집중하려 한다. 나와 말이 통하고 공감대가 잘 형성되는 사람들만을 가까이 두고 싶어 한다. 하지만 인생이라는 그림이 더 풍성해지고 깊어지기 위해서는 내게 불편함을 주는, 맞지 않는 조각들도 필요하다. 그 사람과의 관계 속에서 내가 몰랐던 내 모습이나 약점을 발견하기도 하고, 다른 관점을 배워 새로운 방향을 찾기도 한다.

관계가 어렵고 힘들다고 해서 무조건 피하거나 배제할 필요는 없다. 서로의 다름을 인정하고, 조금의 거리를 두면서 바라보면 의외로 조화를 이루는 지점이 보이기도 한다. 꼭 가깝게 붙어있지 않아도 괜찮다. 각자의 자리를 존중하고, 때로는 떨어져서도 서로를 인정하는 여유가 필요하다.

퍼즐 조각은 본래 완벽하게 같은 모양이 없다. 그래서 조화롭게 그림을 완성할 수 있다. 우리의 관계 역시 조금씩 다른 모습과 성격들이 만나 어울리고, 때로는 조금 떨어진 채 존재하며, 서로의 자리를 지켜가면서 살아간다. 그런 과정 속에서 인생이라는 그림은 완성되어 가는 것이다.

퍼즐을 맞추다 보면 때로 전혀 어울릴 것 같지 않은

조각이 그림의 중요한 부분을 차지하는 순간을 만나게 된다. 사람과의 관계에서도 마찬가지다. 지금은 잘 맞지 않아 힘들지만, 시간이 지나면서 왜 그 조각이 내 곁에 머물렀는지 이해하게 되는 날이 올지 모른다. 그때까지 서로를 존중하며 각자의 자리를 지켜보자. 우리의 삶이 더 아름다운 그림으로 완성될 수 있도록.

각자의 속도와 방향으로 달리는 우리

 삶은 때로 끝없는 마라톤과 같다는 생각을 한다. 우리가 달리는 길 위엔 정해진 결승선이 없다. 그저 앞으로 계속 나아가면서 때로는 방향을 바꾸기도 하고, 잠시 멈춰 숨을 고르기도 하며 끝없이 이어지는 길을 걸어간다.

누군가는 빠른 속도로 남들보다 앞서 달려 나가기도 하고, 누군가는 천천히 주변 풍경을 감상하며 걷듯 달리기도 한다. 또 어떤 이는 잠시 멈춰 서서 가야 할 방향을 고민하며 한숨 돌리기도 한다. 이렇게 각자의 속도로, 각자의 방식으로 달려가는 우리는 사실 서로 다른 길을 가는 것이 아니라 같은 삶이라는 커다란 길 위를 걷고 있는지도 모른다.

달리다 보면 종종 내 속도가 너무 느리다는 생각이 들

어 초조해지기도 한다. 친구들이나 주변 사람들은 나보다 훨씬 앞서가 있는 것 같아 마음이 조급해지기도 한다. 반면 누군가보다 앞서 있다는 느낌을 받을 때는 이유 모를 미안함이나 불편함이 찾아오기도 한다. 하지만 조금만 고개를 들어 바라보면, 사실 중요한 것은 누구보다 빨리 달리거나 남을 앞서는 것이 아니라, 내가 선택한 길 위에서 꾸준히 걸음을 내딛는 것이라는 것을 알게 된다.

가끔은 혼자 달리는 길이 외롭고 지치기도 한다. 하지만 주변을 둘러보면 나처럼 천천히 걷는 사람들, 나와 비슷한 속도로 달리는 사람들이 분명 존재한다. 그들과 시선을 맞추고, 가끔은 서로에게 격려의 미소를 보낸다. 그렇게 우리는 혼자인 것 같지만 결코 혼자일 수 없는 삶을 살아간다.

빠른 사람을 따라가기도 하고, 힘들어하는 사람에게 다가가 손을 내밀기도 하면서 우리는 함께 달리고 있다. 이렇게 서로의 속도를 존중하고, 각자의 리듬을 이해할 때 비로소 우리가 가는 길은 의미 있게 이어진다.

오늘도 우리는 각자의 페이스로 삶이라는 길을 걷고 있다. 각자의 속도와 방향은 다르지만, 결국 우리가 향하는 곳은 '나답게 사는 삶'이라는 공통된 목적지가 아닐까. 서로 다른 발걸음들이 모여 만들어내는 이 길 위에서, 나는 오늘도 천천히 그리고 담담하게 한 걸음 더 내딛는다.

폭싹 속았수다

 처음 이 글을 쓰기 시작했을 때만 해도 그냥 마음속에 맴돌던 이야기들을 하나씩 풀어내고 싶었다. 한 글자씩 적어 내려갈 때마다 마음이 조금은 가벼워졌고, 글이 하나둘 쌓이자 스스로도 미처 알지 못했던 내 모습들을 발견하게 되었다.

과연 혼자였더라면 이 여정을 끝까지 걸을 수 있었을까 싶다. 처음 펜을 들고 막연하게 시작했던 이 일이 지금 내 손에 한 권의 책으로 완성되었다는 사실이 여전히 실감 나지 않는다. 중간중간 포기하고 싶은 마음이 수도 없이 찾아왔고, 때로는 자신 없다는 생각에 멈춰 서 있기도 했다.

하지만 곁에서 늘 든든하게 서 있던 고마운 분이 있었기에 이렇게 마무리를 할 수 있는 것 같다. 책을 쓰는 내내 함께 고민하고 방향을 잡아준 컨설팅 디렉터님은 나보다 더 나를 믿어주었고, 내가 미처 발견하지 못한 가능성을 꺼내 보여주었다. 가끔씩 내가 흔들릴 때마다 그분의 한마디 말과 믿음 어린 눈빛이 다시 용기를 내게 했다.

뿐만 아니라 가족과 친구들의 존재도 이 여정을 지속할 수 있는 가장 큰 힘이었다. 이들이 보여준 따뜻한 응원과 묵묵한 믿음 덕분에, 나는 매번 쓰러질 때마다 다시 일어날 수 있었다. 돌이켜 보면 혼자라는 생각으로 시작했던 이 길이 결코 혼자만의 여정이 아니었음을 알게 되었다.

글을 쓰면서 예상치 못했던 삶의 다양한 표정들을 마주했다. 그 과정은 때론 나를 힘들게 했지만 결국 나를 더 깊이 있게 만들었다. 이 책이 누군가에게는 작은 위로가 되고, 또 다른 누군가에게는 다시 일어설 수 있는 힘이 되어주기를 바라는 마음이다.

언젠가 이 책을 다시 펼쳤을 때, 그리고 이 글을 마주할 독자들도 각자의 자리에서 자신만의 속도로 잘 걷고 있기를. 그렇게 서로를 응원하며, 이 길 위에서 다시 만나길 바란다.

내려가며

글을 쓰면서 책을 쓰는 모든 사람들에게 존경심을 느꼈던 것 같습니다. 책 한 권에 정말 얼마나 많은 생각과 노력이 들어가는지 알게 되었어요. 책을 쓰면서도 그 때 그 시기 그리고 그 순간마다 생각들이 계속 바뀌다 보니 글을 지웠다가 다시 쓰기도 하고, 이것이 맞는 것 같다가도 틀린 것 같은 여러 생각들이 들었던 나날들이었습니다. 그래도 덕분에 제 자신을 돌아볼 수 있었던 시간을 정말 많이 가지고 재정비를 할 수 있었습니다.

책을 쓰는 것이 처음이기에 글의 흐름이나 문맥이 맞지 않아 부족한 점이 많다는 생각이 듭니다. 조금 더 잘 쓸 수 있으면 좋겠지만 아직 부족한 저이기에 아쉬운 점이 많이 남았던 것 같아요.

사회생활을 시작하면서 두려움이 정말 커졌었는데, 이제는 그 두려움을 설레임으로 바꿀 수 있는 사람이 되고 싶어졌어요. 앞으로도 새로운 무언갈 정말 많이 해 나아갈 텐데, 새로움 앞에 기다리고 있는 것은 항상 잘 해낼 수 있을까 하는 두려움이 먼저였어요. 이제는 그 두려움들을 앞서 말한 설레임으로 바꾸려고요. 뭐든 일단 해봐야 알 수 있으니 여러 가지 경험들을 쌓으면서 살아가 보겠습니다. 여러분도 더욱 많은 걸 보고 더욱 많은 것들을 경험해 보면서 살아가셨으면 좋겠습니다.

지금까지 책을 모두 읽고 여기까지 와주신 독자분들에게 감사드린다는 말씀 전하면서 이상 드론 착륙하고 비행 마치겠습니다.

감사합니다.

흔들리며 나는 중입니다
© 우현서, 2025

초판 1쇄 발행 | 2025년 10월 30일

지은이　　　| 우현서
디자인　　　| 박지은
펴낸곳　　　| 이상한빛
ISBN　　　　| 979-11-990749-6-5
작가 메일　 | gustj0328@naver.com
펴낸곳 메일 | isanghanbit@gmail.com

- 가격은 뒤표지에 있습니다.
- 이 책은 저작권법에 의하여 보호를 받는 저작물이므로 무단 전재와 복제를 금합니다.
- 파본은 구입하신 서점에서 교환해 드립니다.